LA VÉRITÉ

SUR

LES  THÉATRES

À BORDEAUX

BORDEAUX

CHEZ TOUS LES LIBRAIRES

1879

LA VÉRITÉ

SUR

LES THÉATRES

A BORDEAUX

BORDEAUX

IMPRIMERIE BORDELAISE J. LAMARQUE

Rue Porte-Dijeaux, 43

—

1879

LA VÉRITÉ

SUR LES THÉATRES

A BORDEAUX

S'il est une chose dont l'immense majorité parle sans en savoir le premier mot, c'est assurément de la question théâtrale.

Abstraction faite des directeurs et des comédiens, qui s'occupe sérieusement pratiquement du théâtre en province?.... Personne à peu près.

Une pareille affirmation, nous le savons d'avance, excitera bien des colères, appellera sur notre tête bien des malédictions, nous en rions.

L'art dramatique, le plus vulgarisé, le plus intelligible en apparence de tous les arts est peut-être l'un des plus difficiles.

Un érudit peut avoir pâli vingt ans sur les chefs-d'œuvre des répertoires anciens et modernes, savoir par cœur la poétique d'Aristote, les plus beaux vers de Sophocle, les meilleures scènes d'Aristophane, de Plaute ou de Térence, et n'être, en fin de compte, qu'un auteur ridicule ou un critique détestable.

Molière, le génie du Théâtre-Français, n'a rien dû aux grands maîtres de l'antiquité, et on peut dire qu'il les a embellis plutôt qu'il ne leur a emprunté.

Donc, pour faire des pièces, il faut autre chose encore que de l'instruction, il faut, avant tout, l'intuition du théâtre, ou si l'on aime mieux, des aptitudes scéniques ; or, quelque généreuse qu'ait été la nature à l'égard de ses favoris, ces aptitudes scéniques ne se développent que par l'expérience et un travail opiniâtre, auquel bien peu consentent à s'astreindre ; mais là n'est pas la question : la profession d'auteur dramatique n'existe pas en province, et il est inutile de faire le procès des absents.— Passons à la critique qui, elle, a la prétention d'exister.

Quel est aujourd'hui le journaliste qui se résigne à étudier consciencieusement ces deux grandes machines, dont l'une, la *pièce,* met en mouvement ; l'autre, le public ? — Nous n'en connaissons pas beaucoup parmi ceux qui s'imaginent faire des feuilletons dramatiques à Bordeaux.

La coupe des pièces change à peu près tous les ans, comme celle des habits, selon les caprices des spectateurs, les faiseurs allongent ou raccourcissent, pincent ou étoffent leurs œuvres ; — si le lecteur en doute, qu'il aille entendre deux comédies du même auteur, écrites à dix ans de distance, et il pensera comme nous.

A tort ou à raison, le public n'affectionne que ce qui lui plaît, et l'art véritable consiste à le récréer et l'intéresser par l'emploi des éléments qui lui sont chers.

Scribe n'a dû sa fortune qu'à sa connaissance intime du goût de ses contemporains, et nous constatons tous les jours que les succès des écrivains dramatiques ont pour cause l'emploi du même procédé.

Cinq actes de comédie coulés dans le même moule, écrits sur le même ton, devenant monotones, Sardou a innové les quatrièmes actes palpitants; un peu plus tard, Dumas fils, inaugurait le système des expositions brèves. Exemple : *M. Alphonse*, — on n'en finirait pas si on voulait citer.....

Eh bien! ces procédés, ces systèmes dont vit le théâtre, toutes ces choses enfin qui ne s'apprennent pas dans des livres, sont généralement ignorées de nos aristarques provinciaux. Ceux de leurs collaborateurs qui les savent ne s'en occupent plus et abdiquent en faveur de plumes incapables trop souvent vénales et presque toujours fielleuses.

Le plus lu des journaux bordelais possède un critique sourd aussi apte à raisonner théâtre qu'un aveugle peut l'être à parler des couleurs; ce monsieur analyse les pièces d'une manière fantastique,

confond le grime avec la soubrette, le jeune comique avec l'ingénuité et il est défendu d'y toucher.
Hors lui, personne n'a le droit d'avoir de l'esprit,
c'est une réputation locale.

Ce sans façon ne serait que risible, s'il n'avait aux
yeux du public un crédit désastreux.

Le lecteur est presque toujours d'une crédulité
désespérante; ce que dit le journal de son opinion
est pour lui article de foi, et en ce qui touche les
théâtres, il existe dans la presse de toutes les
couleurs une discipline dont on va s'expliquer la
cause.

Chaque feuille reçoit, en reconnaissance de l'in-
sertion des affiches, un certain nombre d'entrées
permanentes, jusque là tout est juste, l'un compense
l'autre et établit un échange de bons procédés entre
deux industries, échange dans lequel chacun paie
avec sa monnaie.

Mais, outre les entrées de droit, il y a les billets
de faveur, délicieux et coquets petits carrés de vélin
dont on aime bien faire jouir un ami, un familier
ou un parent.

Un folliculaire veut-il se poser, donner une haute
idée de son influence, frapper l'imagination bour-
geoise, vite un mot à tel ou tel impressario et deux
fauteuils d'orchestre tomberont dans la boîte aux
lettres de M. Pitanchard qui, s'il sait ses classiques,
murmurera ravi :

L'amitié d'un grand homme est un bienfait des dieux.

Souvent le ravissement de M. Pitanchard fait le

désespoir du directeur, la pièce qui tient l'affiche est un succès, la moitié de la salle est louée, l'autre moitié se remplira inévitablement après l'ouverture des bureaux, on fera une recette, et déjà le directeur crayonne amoureusement un chiffre rêvé. — Malheureusement il a compté sans une douzaine de Pitanchards tous honorés de l'affection d'une autre douzaine d'hommes célèbres. — Le crayon lui tombe des mains, il saisit sa plume en maugréant, signe les entrées et se dit : douze Pitanchards à 10 fr. par tête, 120 fr., — c'est dur !

Une seconde, peut-être une idée de résistance a traversé le cerveau du chef d'exploitation, l'apparition d'un spectre a glacé son courage, intimé un ordre à sa plume. Il pouvait refuser, c'était son droit, mais le lendemain une meute de plumitifs aurait hurlé après ses culottes à l'instar des bâtards de Pourceaugnac aboyant après les chausses de l'infortuné *Limosin ;* son imagination a cru ouïr les premiers accords du concert, il a courbé la tête, intimidé, vaincu, balbutiant : *J'ai vu le diable!*

On sait très-bien dans le journalisme qu'entre un directeur et un critique la partie n'est pas égale, que le droit de réponse n'existe pas sérieusement et que s'il existait, il serait facile à rendre illusoire, — discuter avec un adversaire qui doit conserver le dernier la parole (et le journaliste la conserve toujours) c'est marcher à la défaite.

D'ailleurs, on défend mal ses actes soi-même, le public est enclin à voir dans les réponses les plus sincères de l'accusé un mobile d'intérêt ou d'amour-propre.

Par conséquent, si l'administration d'un directeur de théâtre est jugée défectueuse, si sa troupe est déclarée insuffisante par la presse, il est inutile de s'insurger contre ce verdict! La direction peut faire des prodiges, les pensionnaires être dignes de la Comédie Française, l'arrêt suprême est prononcé, tout est mauvais, archi mauvais, scandaleusement mauvais!

Avec ce système on obtient infailliblement la retraite d'un public dont on a égaré le jugement et la déconfiture de l'impressario. Alors les habiles répètent : la presse a fait justice!

On sait tout cela, à Bordeaux, dans le monde des journaux, et à part une ou deux consolantes exceptions, on en abuse avec (nous ne voulons pas employer une vilaine expression) un manque complet de générosité.

Le spectateur pourrait, et facilement, s'il y songeait, trouver le mot d'une série de petites infamies tramées dans l'ombre; — un peu de lumière éclairerait la source inavouable de bien des haines implacables et ferait tomber nombre de masques. — Remontant aux causes, on comprendrait l'origine d'attaques opiniâtres, malveillantes, la fortune de certains cafés-concerts et l'abaissement de certains théâtres.

Comme échantillon de la bonne foi, et du goût exquis de la presse, étudions un peu son attitude touchant deux sujets constamment à l'ordre du jour, l'opérette et les tournées artistiques de France.

Certes, l'opérette n'a pas nos sympathies, c'est un genre bâtard, incomplet, excentrique et monotone à la fois, une œuvre de décadence faite en dehors de toutes les règles, et échappant par sa contexture même à toute critique. Eh bien ! l'opérette, en province, ceci est démontré, enrichit un directeur, tandis que la comédie le ruine.

Assurément, il est regrettable d'avoir à constater quotidiennement la victoire du burlesque sur l'art, la suprématie du caricaturiste sur le peintre ; mais, il faut bien le reconnaître, le héros de cette honteuse victoire est le public.

Pour êfre justes ou seulement logiques, les journalistes devraient donc attribuer la dépravation du goût à la mauvaise éducation du plus grand nombre ; mais ces Messieurs, experts dans l'art de ménager la chèvre et sa nourriture, trouvent moins dangereux de condamner un innocent que d'affirmer une vérité humiliante pour leurs lecteurs.

Si l'opérette l'emporte sur la comédie, écrit-on partout, c'est que la comédie, la vraie comédie, n'a plus d'interprètes ; c'est que les directions, avides d'économies, imposent des nullités aux habitués de leurs salles — des nullités ? — Eh ! Messieurs les hommes vertueux, Messieurs les connaisseurs, vous en avez applaudi et vous en applaudissez — bien d'autres nullités. — Franchement, si vous êtes sincères, vous êtes bien ignorants en art dramatique !

Plusieurs fois par an, des Compagnies, soi-disant parisiennes, dans lesquelles figure une étoile, viennent faire entendre quelques chefs-d'œuvre. L'étoile est rarement de première grandeur, et presque toujours ses satellites ne brilleraient même pas à la rampe de Carpentras, — cependant vous vous pâmez, vous êtes enchantés, ravis, transportés; cette représentation, dites-vous, fait heureusement diversion aux palinodies artistiques de chaque jour.

Il n'y a pas longtemps, nous assistions à une exécution à mort d'*Hernani*, pas une Compagnie parisienne, — l'acteur chargé du rôle d'Hernani, gesticulait comme un épileptique, — celui qui jouait Don Carlos n'avait ni l'encolure ni l'organe exigés par le personnage, et laissait dans l'ombre tous les effets du grand monologue dont il ne disait pas la moitié.

Le lendemain on imprimait que c'était superbe.

Arrivons maintenant à une cause plus palpable de ruine pour l'art dramatique en province.

Dans toutes les grandes villes de France, il existe, appartenant à la ville, un théâtre dont la salle et le matériel sont gratuitement mis à la disposition d'un directeur qui reçoit en outre une subvention considérable, à la condition de jouer exclusivement l'opéra. — Ce fait seul établit un privilége au profit de la musique.— Voyons un peu sur quelles raisons on s'appuie pour en justifier l'existence.

La représentation de l'opéra entraîne, pense-t-on, des frais énormes ; mais tout le monde le sait, — une basse coûte plus cher qu'un père noble, — les appointements d'un ténor paieraient dix jeunes premiers, et ce que dépensent dans une seule soirée les chœurs et l'orchestre de l'opéra, suffirait à solder pendant un mois peut-être la figuration et l'orchestre d'une scène de comédie, c'est entendu!

Seulement, à ces objections les plus souvent mises en avant, je pourrais même dire à ces raisons les

seules invoquées, l'esprit sensé impartial et obser-
vateur répondra :

Le prix des places à l'opéra est plus élevé que
partout ailleurs, le directeur n'a pas de loyer de
salle à payer, et la musique fort à la mode aujour-
d'hui, a le don d'attirer le dessus du panier du
monde élégant, — à quoi bon alors protéger un art
secondaire en faveur, au détriment d'un art de premier ordre en discrédit.

La musique, il faut bien le reconnaître, a depuis
longtemps pris le pas sur la littérature, la première
s'adresse aux sens qu'elle flatte; la seconde, à l'esprit qu'elle fait travailler, et on sait, Laharpe l'a dit,
combien l'esprit est un juge inflexible et les sens des
juges favorables.

L'audition d'un opéra berce la paresse d'un indifférent; celle d'une comédie ennuie ce même
indifférent, parce qu'elle contraint son esprit au
travail — On ne vient plus au théâtre pour s'instruire,
on y vient pour se reposer, et nous le déplorons.

Veut-on un exemple à l'appui de notre dire : qu'on
se rappelle l'aspect du Grand-Théâtre durant les
représentations de M. Faure et les ovations dont ce
baryton a été l'objet.

Assurément, la musique est une belle chose et
M. Faure un grand chanteur; mais enfin la littérature dramatique est encore un art plus national,
plus Français, et Delaunay et Coquelin sont aussi de
bien grands comédiens!.... — Eh bien! ils peuvent
venir à Bordeaux, on ne se battra pas pour aller les
entendre.

Il y a comme cela, Messieurs les édiles Bordelais

(car c'est à vous que ce discours s'adresse) une foule de considérations dont vous semblez ne guère vous douter ou tout au moins vous soucier fort peu. — La question vaut pourtant la peine qu'on l'étudie; si la musique adoucit les mœurs, la littérature, la bonne, les épure, et il est du devoir de ceux qu'un instinct philanthropique a seul poussé à solliciter le pouvoir de s'appliquer à moraliser les masses. — Le drame et la comédie sont des livres vivants, attachants, où le peuple aime à prendre des leçons d'honneur et de courage; ses vrais amis doivent donc aider à son instruction.

Le dernier sujet comporté par le cadre de cette courte étude est délicat et pénible à traiter, nous allons cependant en dire quelques mots, espérant qu'en raison de notre franchise, on excusera notre sévérité.

Depuis une dizaine d'années, l'indifférence a pris, pour tout ce qui est œuvre littéraire, des proportions inquiétantes; l'opérette a chassé, dit-on, le vrai public du spectacle; mais l'opérette disparaît tous les jours, et le vrai public ne revient pas, ou s'il reparaît partiellement, il est froid, blasé, sceptique, écoute peu et critique beaucoup.

Pour nous, la vérité la voici : l'éducation du spectateur est complètement à refaire, le public a besoin de renouveler connaissance avec les règles les plus élémentaires de l'art s'il ne veut s'exposer à condamner injustement même les œuvres des maîtres.

Si vous voulez une scène d'un comique irrésistible ou d'un dramatique saisissant, pardonnez à l'auteur les longueurs inévitables destinées à la préparer, souvenez-vous que dans *Tartufe,* pièce en cinq actes, Molière ne présente son héros qu'au troisième, qu'il a fallu deux actes entiers au plus grand homme dont le théâtre français s'honore pour dépeindre le personnage qui va venir, rendre intelligible le langage qu'il va parler.

Voilà, nous le croyons, une réflexion de nature a inspirer un peu d'indulgence aux tristes beaux esprits qui, après vingt répliques d'une œuvre quelconque, bâillent disgracieusement ou font des mots plus ou moins heureux sur ceux du dialogue.

Tout ne peut être au théâtre également vrai, parfait, complet, il faut, même sur la scène, que toute chose soit vraie théâtralement et non véritablement, ce qui est bien différent.

Que le public accepte donc encore, s'il exige des pièces, de vraies, les conventions de toutes sortes qu'acceptaient nos pères.

Les journalistes ne contribuent pas peu à produire les malheureux résultats que nous signalons.

La plupart dissimulent leur ignorance sous des théories paradoxales et faussent le jugement public.

On s'improvise critique théâtral, on tranche, sans en soupçonner l'importance, nombre de questions dont on ne sait pas le premier mot, et le lecteur, trompé par des raisonnements spécieux ou des phrases sonores, applaudit des deux mains.

Un homme de talent et d'esprit, fort fantaisiste en art dramatique, M. Émile Zola, s'est attiré l'an dernier, à propos du rôle des accessoires et des décors au théâtre, une verte leçon de son savant confrère M. Sarcey.

www.ingramcontent.com/pod-product-compliance
Lightning Source LLC
LaVergne TN
LVHW011927170726
843501LV00011BA/4261